또 봄은 오는데

또 봄은 오는데

초판 1쇄 인쇄 2019년 10월 25일
초판 1쇄 발행 2019년 10월 30일

지은이 조동진
펴낸이 金泰奉
펴낸곳 도서출판 띠앗
등 록 제4-414호

편 집 박창서, 김수정
마케팅 김명준
홍 보 김태일

주 소 (우) 05044 서울시 광진구 아차산로 413(구의동 243-22)
전 화 (02)454-0492(代)
팩 스 (02)454-0493
이메일 ddiat@ddiat.co.kr
홈페이지 www.hansom.co.kr

ISBN 978-89-5854-126-4 (03810)

*책값은 표지에 표시되어 있습니다.
*잘못 만들어진 책은 구입하신 서점에서 친절하게 바꿔드립니다.

또 봄은 오는데

조동진

| 시인의 말 |

삶이 자리한 길목엔
사랑과 연민(憐憫)이
수많은 기억들 틈새에 자리하고 앉아
때로는 아름다운 추억으로
때로는 그리움으로 남아 돌며
우리를 웃고 울게 하지요

하여 내 마음먹기에 따라
추억도 되고 그리움으로 남기도 하는
기억의 숲을 거닐며
예까지 흘러온 지난날을 거울삼아
아직 많이 남아 있는 삶을
조금 더 다듬고 고쳐가며
꼭 필요한 삶으로 바꾸어보려 합니다.

남은 삶을 유용하게 써먹기 위해서….

조동진

| 목차 |

제2부 미운 세월

제3부 잃어버린 사랑

제4부 우리 이제는

제1부

사랑은

바람

님을 향한
이 작은 사랑이
해맑고 향기 그윽한
애정(愛情)이 되고
애정은
아침 이슬처럼
아름다운 님의
눈동자에 맺히니
영롱한 그 빛
진정 따사로운
사랑이어라
행복의 전령(傳令)이어라

하여
이 작은 사랑이
영원히 지속(持續)되어
그리움으로
잠들지 않기를

하늘에 바람하며
나 님을 위하여
노래하리라…
당신만의 행복을
기원(祈願)하리라…

라고

작은 씨앗 하나
새순으로 돋아나
세상 구경에 기웃기웃
구름과 술래잡기하는
달님이 너무 좋아
마음속에 그리다가
사랑을 하였다네
첫사랑을…

아! 그러나
아침 해 떠오르니
어디론가 떠나버린
달님이 너무 미워
작은 마음속에
아픈 상처 하나 생겼지
직은 씨앗 하나
새싹으로 돋아나

예쁜 꽃망울을 키웠다네
어린 꽃망울은
햇님이 너무 좋아
햇님 따라 맴돌며
사랑을 키웠다네
첫사랑을…

그러나 무정(無情)한 햇님은
서산 너머로 숨어버렸기에
꽃망울은 슬픔에 젖어
이별의 아픔을 알게 되었지

꽃망울은 가슴 시린
아픔을 감내(堪耐)하고
성숙(成熟)해 가며
아름다운 꽃을 피웠다네
꿈을 키웠다네
모진 비바람 속에서도

꽃잎은 엄마 되어
사랑스러운 씨앗들을 키우며
이렇게 말했다네

나의 작은 씨앗들아!
내 말 좀 들어보렴
사랑은 세상처럼 넓고
사랑은 하늘처럼 높단다

하여 사랑은
아주 많이 힘든 거란다
특히 첫사랑은
더욱더 힘든 거란다 라고

소녀의 일생

봄 가면 여름 오듯
흐르는 물길 따라
말없이 세월도 흐르고

수줍던 어린 소녀
어느새 엄마 되어
어린 아기 다독이며
감미로운 목소리로
자장가를 부르지

저기 흘러가는 구름처럼
또 한 세월 흐르고 흘러
소녀의
곱던 얼굴 주름지고
등 굽어 휘어진 저 허리
저곳에 흰 눈 내려
허이연
백발이 되어버린 소녀

아! 세월이여!
무정(無情)한 세월이여!
왜? 무엇 때문에
소녀의 아름다움을
시샘해야 했는가?
너는 어찌 자비심도 없는가?

소녀는 호호백발 할미 되어
그믐께 기우는 달처럼
내려 누르는 눈꺼풀을
억지로 지탱하며
기나긴 상념(想念)에 젖어든다

철없던 어린 시절의
마냥 부풀기만 했던 꿈과
너무도 곱디곱던 그 시절
못다 한 핑크빛 사랑과
학창 시절의

행복하고 즐거웠던
젊은 꿈을 되새기며
그래도
보람 찾던 일생에
박수를 보내며
엷은 미소를 띠는구려

꿈

천덕꾸러기 어린 시절
천방지축 뛰어놀던
그리운 산과 들과 내
피라미 송사리 떼 쫓으며
물장구치던 내 고향 남대천

세월 가도 잊지 못할 그곳
어젯밤 꿈속에서 보았지
가슴 시리도록 그리워하던
나 어릴 적 뛰어놀던 산천을
엊저녁 꿈속에서 뛰어놀았지

개구지고 능청스러운
골목대장 승철이도
새침데기 순둥이
창복이와 영숙이도
엊저녁에 둘러앉아
수수께끼 옛이야기로

밤새는 줄 몰랐는데

아침 해 솟아오니
모두들 떠나가고
꿈인 듯 생시인 듯
아쉬움이 맴돌아
그리움에 눈물지었네

DMZ

언제
어느 때 보아도
다 같은 초목(草木)이요
다 같은 하늘인데
왜? 이곳은 이토록
쓸쓸하고 삭막해 보이는가?

저기 황척(荒瘠)이 서 있는
갈밭 속 철조망 그늘에서
울려 퍼져야 했던
그날의 그 통곡소리를
그대는 알고 있는가?

울고 울고 또 울며
몸부림치던 그날의 그 함성과
슬픔에 목메던 통곡소리도
사별의 뼈아픈 서러움도
이제는 들리지 않는 듯

아니 아무것도 모르는 듯

그렇게 또 세월은 흐르고
애써 잊어가며 잊혀가며
구름 따라 그렇게 넘나드는
아! 한 서린 DMZ이여!

그날의 그 함성과
슬픔의 통곡소리와
뼈를 깎는 사별의 아픔과
두 동강 난 내 조국을
우리는 왜?
애써 잊으려 하는가?
왜? 묵묵히 지켜보기만 하는가?
우리들의 머언 훗날에는
또 무엇으로 어떻게
변명하려 하는가?
아! 녹슨 철조망이여!

바람결에 휘날리는
힘없는 갈대숲이여!
네 품에 쓸어안고
다독이며 잠재우지 마라
그리고 저 하늘에 토하라
그날의 그 뼈아픈 설움을 …

축복

엽이와 경이가
첫걸음을 디디는 날
축복하고 환호(歡呼)하듯
첫눈이 날리네
온 세상을 하이얀
백설(白雪)로 뒤덮으며
첫눈 내려 축복하네

순백(純白)의 고귀함과
순백의 순결(純潔)과
순백의 사랑 담아
하이얀 눈 꽃잎
나풀나풀 흩날리며
첫걸음을 축복하고
첫출발을 환호하며
하이얀 꽃잎 되어
나풀나풀 날리네
축복을 내리네

사랑은

메마른 가지에서
사랑이 움트네요

하여 거칠고
험한 황무지(荒蕪地)에도
산들바람처럼 시원하고
훈풍처럼 따뜻하며
단비처럼 촉촉하게
마음과 마음을 적셔주며
훈훈한 정을 키워갑니다

사랑은 언제까지나
메마르지 않는
시원하고 달콤한 옹달샘 되어
우리 모두를
훈훈하고 따사롭게
그러면서도
촉촉하게 적셔줍니다

사랑은
어린 아기 천사의 미소처럼
사랑하는 연인들의 열정(熱情)처럼
따뜻하고 보드랍게
저 하늘가로 퍼져나가며
우리를 미소 짓게 합니다

하여 사랑은 언제까지나
거기 그렇게 남아
우리 모두의 꿈과 사랑을
이루어주지요

이별

한 잎 또 한 잎
낙엽은 떨어지며
소슬바람에 흩날리고
바삭 바삭 바사삭
발밑에 부서지며 노래하네

타다닥 타다닥 타악
하이얀 연기 물씬 피우며
낙엽은 제 몸 태워
가을을 가을을 노래하네

낙엽 밟는 그 소리가 좋아
낙엽 태우는 그 내음이 좋아
타다닥 타다닥 타악
그 노랫소리가 좋아

가을을 가을을
무척이나 좋아하는데

그 노랫소리와 더불어
이 아름다운 가을이
말없이 떠나가고 있네요

타다닥 타다닥 타악
낙엽은 제 몸 태워 불사르며
하이얀 연기되어
떠나가고 있네요
이 아름다운 가을이…

모후(母后)

성모여!
독생자의 어머니시여!
흑암 속 절망의 땅에
희망의 불꽃 싹 틔우며
죄인들 가는 그 길에
이정표(里程標)되어 인도하시니
그 기쁨과 큰 행복을
무엇으로 다 표현하오리까

성모여!
모후(母后)이시며
정녕 거룩하고 순결(純潔)하신 성모여!
당신의 순종(順從)과 희생으로
밝은 빛 구세주 우리에게 오셨으니
이보다 더 크고 더 깊은 사랑이 또 있으랴

모후이시며
거룩한 동정녀(童貞女)이신 성모여!

성령의 사자 천사의 전하심에 따라
순종과 사랑을 몸소 실천하시며
온 인류에게 희생과 봉사와 사랑을 전하시니
이보다 더 높고 더 넓은 사랑이
하늘 아래 또 있으랴…

하여 모후이신 성모님께
희생과 봉사와 사랑으로 장미 꽃다발을 엮어
묵주의 기도를 드리오니 사랑으로 받아주시어
성령이 임하시는 대로
저희 죄인들을 인도하시어
하늘에는 크나큰 영광이 되고
저희들에게는 기쁨과 평화가 임하게 하소서
하늘의 찬미(讚美)가를
목청껏 부르게 하소서

고향

봄 오는 들녘에
아지랑이 피어오르듯
마음속 깊은 곳에 간직한
정(情)과 사랑이 거기 있어
아름다운 꿈이 피어나는 곳
언제나 잠들지 않는 그곳에
두고두고 간직하며 사랑하는
그리움의 향수(鄕愁)가
폴폴 피어오르고 올라
끝없이 다독이고 감싸 안으며
사랑을 노래하는 곳

아! 그곳이 고향이어라
보배보다 더 귀한
내 고향이어라…

봄 오는 산천(山川)에
메아리 울려 퍼지듯

언제나 마음 한편에 자리한
철부지 풋사랑이 거기 있어
아름다운 꿈이 묻어나는 곳

네잎 클로버와 함께
고이 접어 간직했던
풋사랑의 꽃향기가
은은(隱隱)하게 피어올라
한없이 다독이고 끌어안으며
살며시 웃음 짓게 하는 곳

아! 그곳이 고향이었네
언제나 날 반겨주는
고향은 사랑이었네

잠에서 깨렴

꿈을 먹고
꿈을 꾸세요
그러나 수면(睡眠)은 안 돼요
잠에서 깨어야 해요
깊은 잠에서 꾸는 꿈은
그저 망상(妄想)으로 그치는 것

그러니 어서
깊은 잠에서 깨어나세요
그리고 저기 밝고 맑은
아침 햇살을 보세요

저기 저 하늘에 날고 있는
꿈과 사랑을 보세요
아니 보지만 말고
어서 빨리 잡으세요
잡을 수 있는 한 마음껏 잡으세요
보다 더 큰 삶을 위하여…

그래야 우리가
현실 속에 숨어 있는
삶의 가치(價值)를
소유(所有)할 수 있으며
더 큰 꿈을 향하여
나래를 펼 수 있답니다
삶의 질(質)을 높일 수 있답니다

그러니 이제는
깊은 잠에서 깨어나세요
그리고 꿈과 사랑을 잡으세요
더 큰 꿈과 사랑을 위하여…

당신은 예술가

당신은 알고 있겠지요?
당신이 예술가임을…
무슨 소리냐구요? 자 보세요

당신은 저 드넓은 세상에서
당신과 사랑하는 그이를 위하여
삶을 주제로 조각을 하고 있네요

처음에는 비록 서툴고
거친 솜씨로 조각도를 들었지만
언제인가는 무디고 거친
어설픈 조각가이던 당신이

세련되고 아주 멋진
그러면서도 화려한
삶을 조각하고 다듬으며
당신과 사랑하는 그이의
꿈과 사랑을 실현(實現)할 테니까요

그러니 조금만 더 심혈(心血)을 기울여
당신과 사랑하는 그이를 위하여
멋진 삶을 다듬으세요
그리고 열과 성의를 다하여
삶의 질을 높여가세요

당신은 분명(分明)
멋진 삶을 조각하여
당신과 사랑하는 그이를 위한
명작(名作)을 완성하게 될 것입니다.
최고의 예술가가 될 것입니다

아시나요

당신은 아시나요?
당신이 지니고 아끼던
갖가지 소장품 속에는
당신만의 비밀스러운 향기와
당신의 옛이야기가 담겨 있음을…

당신은 아시나요?
당신과 함께하였던
그 아름다운 날들에는
꿈처럼 정겹던 추억들이
슬금슬금 돋아나고 있음을…

당신은 아시나요?
당신과 나 둘이서 키워가던
수많은 꿈과 사랑은
나도 몰래 꽃망울처럼 피어올라
그리움을 키워가고 있음을…

당신은 아시나요?
여기 당신 있던 빈자리에는
그 어떠한 소장품도
당신을 대신할 수 없기에
언제까지나 이렇게
비워 있어야 함을…

당신은 아시나요?
동지섣달 기나긴 밤을
당신을 못 잊어 애태우고
당신 잃은 서러움에 떨며
눈물로 지새우는 이 아픈 마음을 …

막장

어제도 오늘도
또 내일도
나는 막장을 비운다
꿈을 찾아 빛을 찾아
삶을 찾아 헤맨다

착암공도 좋다
발파공도 좋다
아니 아니 수적공도
마다하지 않는다

그저 인생(人生)이라는
그 거대하고 웅장한
광맥이 끊기지 않기를
하늘에 바램하며
나의 모든 것을 걸고
노다지를 찾고 또 찾는다

나만이 소유할 수 있는
꿈과 사랑을 찾으려
오늘도 나는 막장에 서 있다

힘차고 보람찬
내일의 삶을 찾으려
나는 오늘도 또 내일도
내 인생의 막장을
비워나간다

노목(老木)

나무는
살아가는 흔적(痕迹)을 남기려
나이테를 만들며
연두 빛깔 아름다운 새순과
고상하지만 삭막하기도 했던
가랑잎으로 갈아입기를 수십 년

늙고 병들어
썩어가는 고목(古木)이 되었기에
새순 돋고 꽃 피울 리 없건만
이제는 부서져가는
삭정이를 온몸에 두르고 서서
휘몰아치는 비바람과
폭풍설한(暴風雪寒)을 이겨내니
아! 위대한 거목(巨木)이어라
태풍(颱風)을 못 이겨
스러지는 그날까지

험토(險土)에
나뒹굴지 않으려고
굳건히 서서 버티며
지나온 세월을 회상(回想)하네

내 넘나들던 산과 들과
거센 물살을 가르며
건너온 내와 강과 역경을…
울고 웃던 희비애락(喜悲哀樂)을…
나는 기억하리라
언제나 변할 듯 변할 듯 변하지 않는
저 아름다운 사계절(四季節)도
나는 기억하리라

미련

잠 못 이루어
긴 밤 지새우노라니
기다렸다는 듯 떠오르는
어릴 적 추억은
언제나 기억 한편에 서서
거기 그렇게 머무르며
진한 향수(鄕愁)를 불러주지

철없고 겁 없던 어린 시절
재미 삼아 겁 없이 시작한
너무도 달콤했던 불장난이
언제 어디서나 시도 때도 없이
나를 포로(捕虜)로 잡아 앉혀놓고
놓아주지 않는 첫사랑이 되었지
사랑이 무엇인지도 모르며
그저 달콤한 상상(想像)과
참을 수 없는 호기심(好奇心)으로 시작한
아주 작게만 생각했던

불장난이었는데…

영원한 첫사랑이 되어
가끔씩 아주 가끔씩
나를 울고 웃게 하며
그 무엇으로도 지울 수 없는
그리움을 담뿍 안겨준다네

하여 타임머신이라도 있다면
나 그때 그 시절로 돌아가
이제는 좀 더 진지(眞摯)하고
조금 더 아름답고 정직(正直)하게
못다 한 사랑을
불태울 수 있으련만…

목련

복성스러우며
목화보다 더
탐스러운 목련(木蓮)이여!
봄을 알리는
봄의 전령사(傳令使)여!
너는 알고 있는가?

옛 어른들
말씀하시기를
미인박명(美人薄命)이라고…
아마 너를 두고 하신 말인가 보다

탐스러움 뒤에 숨은
청순(淸純)하고 소담한 너
얕은 향기도 지니고
도도함을 뽐내보지만
단명(短命)이라는
아쉬움이 거기 있어

짧은 행복의 슬픈 꽃이여!
봄의 전령사여!
이 봄엔
소망과 희망과
순백(純白)의 사랑 담아
너의 꿈을 펼쳐보렴
이 아름다운 봄을
마음껏 노래하며
바람에 지는 그날까지
너의 꿈을 펼쳐
저 하늘을 수(繡)놓아 보렴

제2부

미운 세월

미운 세월

사랑은
이른 새벽부터
안개처럼 밀려와
얼굴을 감싸고 두 눈을 가리고
실바람처럼 고요히 다가와
두 귀를 막으며 속삭였지

이내 몸은 꿈이 되어
황홀함에 취하고
아침 이슬처럼
영롱하게 빛나며
꽃향기에 흠뻑 젖어
나비 되어 날았다네

그러나 야속한 세월은
그 모든 꿈을 앗아가며
연기처럼 사그라들어
구름 따라 흘러가버렸기에

아! 내 젊은 날의 사랑은
꿈이요, 행복이요, 바람이었기에
미련(未練)과 함께 남은 것은
영원한 그리움뿐인가 보오

하여 한없이 그윽하고
아름답던 사랑이었기에
영원히 변치 않을
우리들의 꿈이었기에

그 모든 것을 앗아가버린
세월의 흐름이 너무 미워서
너무도 빨리 지나간
우리들의 사랑이 아쉬워서
세월을 한탄하며
읍소(泣訴)를 한다오

할 말 있어요

어! 저길 봐
숭어가 뛰니까
망둥어도 뛰잖아!
아주 꼴값을 떨어요 떨어
뱁새가 황새를 쫓는 격이라니까!

그래요 어쩌다가
나라는 놈이 주제넘은 자의
대명사가 되었는지 모르겠네요
그렇다고 마구 싸잡아 넘기진 마세요
나 망둥어도 나름대로
내게 주어진 운명을 받아들여
삶에 충실하며 자연의 법칙을 지킨답니다

참! 혹시
이런 말씀 들어보셨나요?
찬바람 부는 가을에는
망둥어 회가 최고라는 이야기를…

가을에는 광어보다 우럭보다
더 맛있다는 사실을…
그래요 모듬회 중에
제가 차지하는 비중이 얼만지 아시나요?
가을에는 숭어보다
이 망둥어를 더 많이 찾는다는 사실을…

또 있어요 나 이 망둥어도
노가리님만큼이나 구이로도 유명하지요
물론 술안주로 말입니다

그러니 이젠 날 비웃지 마세요
어차피 한 세상 두루뭉술 살다가
저 높은 곳으로 출장 가긴 마찬가지랍니다
사는 동안 어떻게 살아왔는가가 중요하지
잘나고 못난 것은 중요하지 않답니다
얼마나 많은 덕을 쌓아왔느냐
하는 것이 중요하답니다 이젠 아셨죠?

사랑을 위하여

바람이 불어주는
휘파람 소리에
갈잎 화답(和答)하듯
소슬바람과 노닐며
가을을 재촉하고
아직은 따가운 햇살이
알밤들의 단잠을 깨우는

이 가을엔 무슨 꿈이 펼쳐질까?
또 어떤 사랑 이야기가
모락모락 피어올라
우리를 훈훈하게 할까?

모든 꿈과 행복이
사랑 안에서 움을 틔우고
사랑으로 꿈을 피우나니
모든 것을 사랑하기 위하여
모든 것 주심에 감사하며

나 두 손 모아 기도하려네

주여!
죄 많은
이 죄인에게도
사랑에 눈뜨게 하소서!
참사랑을 깨우치게 하소서!
사랑으로 모든 것 포용(包容)하며
사랑을 실천하게 하소서!
주님께 받은 그 모든 것
되돌려 드리게 하소서!

하지 마세요

우리 너무도
가볍게 하는
사랑의 맹세
그러나 진정 사랑한다면
헛된 맹세를 하지 마세요
그 어떤 다짐도 하지 마세요

기분에 들떠서
나는 다른 사람과 다르다며
손가락 걸며 입에 침이 마르도록
맹세와 다짐을 하건만
모두 다 부질없는 것

아침 햇살 떠오르면
간 곳 없이 사그라지는 이슬처럼
바람결에 날려가며
흐르는 세월 속에 묻혀버리고 마는 것

정녕 진심으로 좋아하고
진정으로 사랑하고 있다면
헌신과 봉사와 애정(愛情)으로
성덕(成德)을 쌓으세요
사랑의 금자탑(金字塔)을…

우쭐하는 기분으로 하는
지킬 수 없는 맹세와 다짐은
절대로 하지 마세요
나만은 변하지 않노라며
손가락 걸며 했던 그 맹세와 다짐은

세월의 흐름을 핑계로
눈물과 한숨을 토해 내며
나 자신도 모르는 사이에
쌓을 수 없는 변절자(變節者)가 되지요
뿐인가요 순간적인 기분과
패기(覇氣)로 다짐한 그 맹세로 인하여

자칫 고향과 친구도 잃어버리고
나 자신마저도 잃어버릴 수 있는 것…

하여 언제부터인지 모르나
잃어버린 자아(自我) 속에
놓쳐버린 꿈과 사랑과
고향을 그리워하며
아픈 마음을 삭혀가야만 되겠지요…

우리 지킬 수 없는 맹세와 다짐을
절제(節制)하여 조금 아쉽더라도
보고프고 생각날 때면
언제라도 들추어볼 수 있는 일기장처럼
아름다운 추억으로만 간직하자구요
혹시 또 만날지도 모를
내일의 재회(再會)를 위하여…

벌써

보름?
벌써?
어! 그러네
진짜 보름이네
참내!
세월 왜 이렇게 빠르데
이놈의 세월은 쉬지도 않나 봐

해가 바뀐 지
엊그제만 같은데
아무것도 한 것이 없는데…
벌써 달포가 지났담
아! 인생(人生) 너무 허무하다
정말 허무해…

인생(人生)은 강물 따라

흐르는 물길 따라
쉼 없이 삶도 흐른다
개여울 따라 졸졸 흐르던 삶은
어느 사이 깊은 강물이 되고
그 검푸른 강줄기를 따라
삶도 용솟음친다

그러나 나 강물에 휩쓸려가는 건 아니다
내 스스로 삶을 키우기 위하여
강물 따라 흐르며 육신과 영혼을 다지고

소용돌이 속에서는
소용돌이와 더불어 같이 맴돌며
세상 돌아가는 이치(理致)를 귀담아 채우고
태산 같은 바위를 만나 산산이 흩어지노라면
사력(死力)을 다해 부서진 꿈 조각들을
한 데 모아 강물 따라 흐르며
이 한 몸 굳건히 다잡아 가는 길을 재촉하며

다사다난(多事多難)했던
지나온 일상(日常)을 되돌아보고
또 새로운 각오를 다짐하기도 하지

힘든 삶의 길이기에 천 길 낭떠러지를 만나면
과감히 부딪쳐 싸워 이기며 희열(喜悅)과 함께
삶의 의욕을 키워가며
어렵사리 심산유곡(深山幽谷)을 넘고
험로를 지나면 따스한 햇볕과 함께
평온과 안식에 물결이 넘실대는
만경창파(萬頃蒼波)의 드넓은 세상에
이 몸을 드리우고 맡겨
깊은 상념(想念)에 젖어보련다
나 지나온 길목마다 흘러온 세월마다
나만이 간직하며 일구어왔던
그 모든 꿈과 사랑을 가슴에 품고 보듬어 안으며
저 꿈의 나라를 유영(遊泳)하려 한다

있을까?

세월 가면
잊힌다 하여
세월이
흐르기만 기다렸고
그 모든 것
잊히나 하였지
그러나 모두 거짓말이야

봄 가고 겨울 오고
세월 가면 갈수록
더욱 또렷이 남아 돌며
그리움은 자꾸 커가지

아름답던 그 눈동자
정겨웁던 그 음성
살포시 머금던
그 미소 그 입술…

그 어느 것 하나
잊히질 않으며
세월 가면 갈수록
더욱 또렷이 남는 것…

님의 모습은
언제쯤 지울 수 있을까?
너무도 깊이
각인(刻印)되어 버린
그 커다란 그리움을
정말로 잊을 수 있을까?
정말로…

나의 봄

내 마음의 봄은
언제 어디서 오고
행복의 샘물은 어디쯤 있으며
삶이라는 테두리는
또 어떻게 생겼을까?
알 듯 말 듯 아리송함에 고개만 갸우뚱…

그래도 나는 봄을 기다린다
꽃 피고 종다리 지저귀는 봄도 좋고
벌 나비 쌍쌍이 춤추며 노니는
생동감(生動感) 있는 봄날도 좋아한다

그러나 내 마음속에 그리는 봄은 아니다
내가 기다리며 꿈꾸는 봄은
햇살 따사로운 양지 녘에
오손도손 둘러앉아
도란도란 이야기꽃 속에 묻혀
꿈과 사랑을 노래하고 춤추며

마음속에 간직한 고향을 노래하는…
진한 삶의 내음이 있는
봄날처럼 따뜻한 인생(人生)의 봄이다

막연(漠然)한 그리움 속에서도
한 줄기 서광(瑞光)이 되어
서로가 서로를 감싸주는
사람 사는 내음이 폴폴 피어나는
그런 향기 가득한
따뜻한 봄을 기다리는 거다

훈훈하고 싱그럽게 오고 가며
웃음과 재치와 온정(溫情)이 넘치고
사랑이 물씬 묻어나는
그런 봄을 기다리며 꿈을 꾸는 거다

보고파

어디선가 들려오는
아름다운 새소리와 더불어
누군가가 부르는 듯한 소리에
무심코 뒤돌아 둘러보았지
그러나 그 아무도 보이지 않고
나뭇잎만 바람결에 휘날리며
빛 고운 춤을 추는구나

언제 어떻게 왔는지
아름다운 그녀가 내 곁에서
환하게 웃고 있었어
따스한 손 내밀어 내 손 잡아주었어
나는 행복에 취했고 둘이서 한없이 걸었지

찬바람에 깜짝 놀라 고개 들어보니
아! 너무도 허무한 꿈을 꾸고 있었지
아마도 보고 싶은 마음에 무엇에 홀린 듯
그녀와 손잡고 거닐던 그때 그 길을

나 혼자서 마냥 걷고 있었던 거야
마치 광인(狂人)처럼…

이제야 정말 이제야 알았네
네가 있었기에 내가 있었고
네가 부르는 그 노랫소리에 취하여
늘 꿈나라에 있었음을…

난 무엇이 사랑인지 몰랐고
어떻게 해야 사랑하는 것인지도 몰랐기에
그저 네가 옆에 있으면 좋았고
마주 보기만 해도 마냥 행복했었지
또한 조금만 멀어져도 금세 보고 싶었고
잠시만 안 보여도 한없이 불안해했던
그래 그것이 아마도 사랑이었나 봐

봄이 가면 겨울 오고
또 새봄은 계속 찾아오시는데

저 하늘을 나는 새들도
늘 행복에 젖어 사랑을 노래하며
저 하늘마저도 시린 듯이
늘 푸르름을 간직하는데

언제부터인가 내게서는
흥에 겨웁던 노랫소리 그치고
아름답던 사랑 이야기도 멀어져 가고
언제나 즐겁고 행복했던 일상(日常)도
저만큼 멀어져 가버렸지

하여 혹시나 혹여 오시려나
기다리고 기다리는 님의 모습은
그저 기다림으로 그치고 마나니
신기루처럼 눈앞에 아롱대며 두 눈을 홀리나니
보고 싶어라! 참으로 보고 싶어라!
아! 도저히 잊을 수 없는 그리움이여!
내 사랑이여…

품바

해맑은 햇볕 사이로
봄처녀 노랫소리 들으며
초목(草木)은 실눈을 뜨고
노랫소리에 귀 기울여
님 맞이 꽃단장을 하누나

연듯빛 저고리 분홍 댕기 휘날리며
개나리도 노오란 저고리로 갈아입고
진붉은 치맛자락 펄럭이며
진달래도 송이송이 봄바람에 춤을 추며
봄님이 왔음을 노래하누나

마치 귀에 익은 각설이 타령처럼
작년에 왔던 내가
올해도 잊지 않고 찾아왔노라며
실바람 봄바람에 장단 맞춰
새봄을 노래하누나
품바 타령처럼 구성지게 노래하누나

막내 손주

천방지축 뛰어놀던
막내 손주 규빈이가
내 곁에 자리잡고 누워
할배하고 자겠다네

난 녀석이 너무 귀여워
살짝궁 안아주었지
작은 얼굴 쓰다듬고
고사리손 꼬옥 쥐며
행복에 젖어 가슴 뭉클했지
나를 택해서 내 곁에 누운
그 녀석이 너무 고마워서…

그러나 마음 한편에서는
뜨거운 눈물을 흘려야 했다네
머언 길 떠난 그 사람이
지금 여기에 있다면
얼마나 좋아하고 사랑했을까

너무도 귀엽고 앙증맞아서
온몸을 부르르 떨며 좋아했을 텐데…
끔찍이도 사랑하던 손주들이기에…

님 머언 길 떠난 이후
실로 오랜만에 마음 흐뭇하고 따뜻한
잠자리에 누워 기쁨의 눈물을 삼켰네
오늘 밤 꿈속에서는
고사리손 잡고 님 마중 가야겠네
오늘 밤 꿈엘랑 님과 함께
옛이야기 꽃피워야겠네

보답(報答)

사랑의 주님은
이 땅에 사람으로 오시어
몸소 사랑을 실천하시며
세상 그 모든 죄악(罪惡)을
사랑으로 감싸 안으시고
우리를 대신하여
조롱(嘲弄)과 멸시(蔑視)와
박해(迫害)를 받으시다
순명(純明)하신 고귀하신 분

그분께서는 우리 죄인들을 위하여
살을 뚫는 고통이 천지(天地)를 진동하고
핏물은 흐르고 흘러
메마른 대지(大地)를 적시며
이 땅에 기생(寄生)하는
온갖 죄악을 사(赦)하시려
당신을 희생(犧牲) 제물(祭物)로
내어놓으셨네요

왜? 무엇을 위하여 뼈를 깎는
아픔을 감내(堪耐)해야 했을까?
우리 조금이라도 생각이 있다면
비록 때늦은 후회일지라도
마음속에서 우러나는 속죄(贖罪)를 드리고
반성하며 서로 사랑해야 되지 않을까?
주님께서 말씀하신 대로
용서하고 또 용서하며 사랑을 실천하여
사랑의 꽃 한번 피워보세나
그분이 우리에게 베풀어주신
벅찬 큰 사랑에 조금이라도
보답하기 위하여
늘 감사하는 마음으로
오직 하나뿐인 사랑을 위하여
주님을 위하여 살아가세나

보배

백화점 넓은 홀에
띠뚱 때뚱 아기 소녀
엄마 손도 뿌리치고
고사리손 휘저으며
하느작하느작
나비처럼 춤추네

눈에 보이는 그 모든 것
아름답고 신기해서
두 눈은 반짝반짝
샛별처럼 빛나네

춤추듯이 돌고 돌며
휘젓다가 넘어지면
엉거주춤하다가도
손뼉 치며 일어나선
눈웃음과 예쁜 짓으로
모든 시선 잡아끄니

귀여워라 아기 소녀
앙증맞은 아기천사
넘어져도 싱글벙글
눈에 띄는 그 모든 것
새로웁고 신기해서
알지 못할 괴성으로
웃음꽃을 자아내니
어여뻐라 아기 소녀
보배처럼 빛나네

넋두리

주룩주룩 비 오는 밤이나
나풀나풀 눈 내리는 밤이나
잠 못 이뤄 뒤척이는 밤이면
환청처럼 들려오는 소리는…

비 내리는 밤길을 우산도 없이 걷는 소리
사박사박 흰 눈을 밟으며 걸어가는 소리
사부작사부작 날갯짓하는 소리

어디를 그리 급히 가시기에
뒤 한 번 돌아보지 않고
사뿐사뿐 걸음을 재촉하시는가?
왜? 아끼며 사랑하던
그 모든 것을 버리시는가?

우리 언제 어디서나 같이 있자며
험하고 힘든 길 있더라도 같이 가자며
좋은 일은 같이 웃고 슬픈 일은 같이 울자며

손도장까지 찍으며 맹세하더니…

저 높고 높은 곳을 향해서는
나도 없이 외로운 길 떠나야만 했던가?
간밤에 내린 빗줄기가 그리도 좋던가?
아니면 인생살이가 너무도 고달파 힘드셨는가?
그도 저도 아니라면 혹
변치 말자 약속했던 이 사람이
보기 싫도록 미워지셨는가?

아무리 그래도 그렇지
무에라 말 한마디쯤 하고 가시지 그랬는가?
원망스러우이 참으로 원망스러우이

하여 나는 이 밤도 잠 못 이루고
길고 긴 상념(想念)에 젖어드는구려
말없이 떠난 사람이 보고 싶어서
참으로 너무 보고 싶어서…

귀향

입춘(立春)도
구정(舊正)도
아직은 더 있어야 하는데
눈치 없이
봄비처럼 겨울비가
쉬임 없이 나리며 흔들고
실바람이 문 두드리는 소리에
흠뻑 젖은 나무들이
봄눈을 틔워
살며시 실눈을 뜨고
연두 빛깔 고운 꿈을
보일 듯 말 듯 보여주며

부모 형제 찾아서
정다운 벗님네들 찾아서
고향길에 나선 길손
손 내밀며 마중하네

물까치도 산새들도
조잘조잘 지저귀며
마중하듯 노래하네

좋은 님 좋은 친구 많이 만나
아름다운 꿈 가득 담고
자알 다녀오시라고
실바람도 정겨웁게
소리 내어 웃는구나

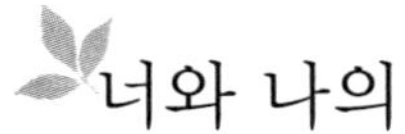

너와 나의

꿈과 사랑
모두들 원하지만
찾기도 힘들고
지켜가기도 힘든 것

그런
꿈과 사랑을
동시에 잡을 수만 있다면
그보다 큰 행운은 없겠지…

그러나
꿈과 사랑에는
쿠폰도 보증서도 없다네
물론 보증기간도 없겠지?

하여 확실한 것은
녀석들은 때에 따라
밀물처럼 서서히

밀려들어오지만
밤하늘의 혜성처럼
어 어 하는 사이에
번개처럼 지나가기도 하기에
모처럼 찾아온
꿈과 사랑을 놓쳐버린다면
영원히 지울 수 없는 추억과 미련으로 남아
한없는 그리움으로 잠들겠지?

어렵게 잡은
너와 나의 꿈과 사랑
쿠폰도 보증서도 없는 녀석
우리 힘껏 지켜내어
삶의 등댓불로 키워야겠지?
너와 나의
꿈과 사랑을 위하여…

기원(祈願)

나는
고인 물 위에
떠도는 개구리밥
바람이 가자 하면
말없이 떠도는 떠돌이 풀
물결이 치면 치는 대로
휩쓸려 떠도는 떠돌이 풀
모두들 나를 가리켜
부평초(浮萍草)라 한다네
나 붙박을 수 없기에
내가 설 자리도 없어
물 위에 떠 떠도는 풀

저기 황척(荒瘠)한
들 길을 걷는 저 길손은
어디서 와서
어디메로 가는 걸까?

지는 해 석양을 둘러메고
외로이 걷고 있는 저 길손은
바람이 가자 하면 가는 대로
구름이 가자 하면 구름 흐르는 대로
그저 뜻 없이 정처(定處) 없이
흘러가는 부평초는 아니겠지?

고향은 어디메며
또 어느 곳으로 가시는지?
석양을 벗 삼아 가는 저 길손은
나와 같은 부평초가 아니시길…
정녕 아니시길…

보은(報恩)

사람들아!
우리가 아무리
주님을 모른다고 발뺌하려 해도
이미 너무도 많이 또
너무도 적나라(赤裸裸)하게
온 세상에 알려져 있는데
왜? 애써
외면하며 등 돌리려 하는가?
외면하지 말고 똑바로 보라
그리고 우리
다시 한 번 생각해 보세나

그분은 우리 죄인들을 위하여
못 박히고 창에 찔리며
고통으로 신음하고 피를 쏟으시니
그 고통은 뇌우(雷雨)가 되어
이 땅에 비를 뿌리고
신음 속에 쏟으신 피는

흐르고 또 흘러
산천초목을 적시며
새로운 생명을 소생(蘇生)케 하시고
새 생명의 땅을 일구시어
죄인들을 먹여 살리시며
우리를 돌보시고 있는데…

세상에 그 누가
이 세상의 그 어떤 무엇이
자신을 희생 제물로 내놓으시며
사랑의 단비를 쏟을 수 있을까?
세상의 그 무엇이
우리 죄인들을 대신하여
당신을 희생한단 말인가?

보아라!
그리하여 듣고 배워라
주님의 끝이 없는 사랑을…

주님의 한없는 은혜를…

우리 이제는 조금씩이라도
그분께 갚아나가야 되지 않을까?
이것이 곧
우리가 살아나가는 이유이며
목표요 꿈일 것인데…

하여 우리에게
생명을 주시고 삶을 관장(管掌)하시는
그분이 우리에게 베풀어주시는 은혜에
몇 만 분의 일이라도
그분을 위하여 네 이웃을 위하여
조금씩 아주 조금씩이라도
갚아 나아가자꾸나
보은(報恩)을 위하여…
아름답고 귀여운 우리 후손들을 위하여…

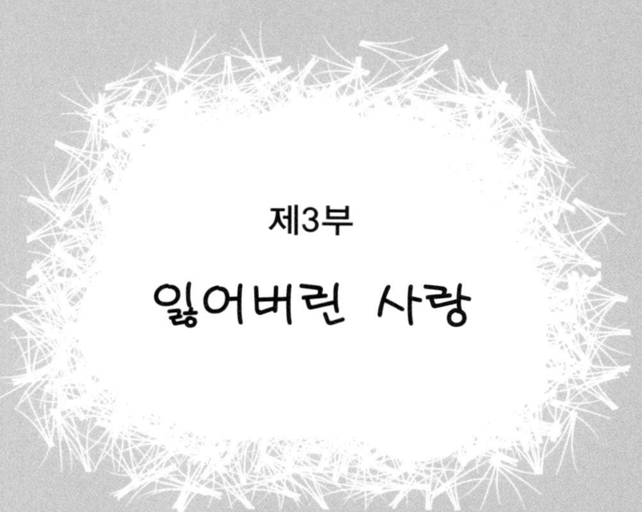

제3부

잃어버린 사랑

또 봄은 오는데

올해도
화신(花信)을 앞세우고
또 봄님은 오시는데
님은 너무도 머언 길
나섰음인지 보이지 않고
또 그리움만
마냥 키워가고 있네

언젠가는
다시 만날 수 있다는
부푼 꿈이라도
꾸어보고 싶어서
해후(邂逅)라는
그 단어(單語)가
너무 부럽고 좋아서
한없이 쓰고 또 써본다

자매(姉妹) 같던 모녀지간의

웃음 먹은 장난질이
얄밉도록 밉더니만
어느새 꿈이 되어
은하수에 떠도는
돛단배가 되었구나

이 봄에도 또
봄 오는 들녘과 험산을
하염없이 거닐고
그리움을 삭이며
저기 무심코 흐르는
개여울에 녹아들어
은하수 찾아 떠도는
꿈이고 싶다

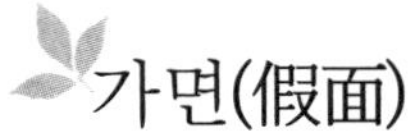

가면(假面)

해맑고 밝은 빛을 등에 진
그림자 속에는 진실(眞實)이 없다
믿음과 꿈과 희망도 사랑도
그림자 속에는 있을 수 없지
그저 빛에 의존(依存)하여
마치 살아 있는 듯 움직이며
그림자 속에 파묻혀 살아가지
그림자 속에 모든 것을 숨기며…

그러나 태양은
어느 한 곳에 머무르지 않으며
꿈과 희망과 사랑을 찾아 길을 나서지
하여 빛이 떠나가면
그림자 속에 감추었던 온갖 추악함이 드러나
헤픈 웃음을 흘려가며
그 모두를 기만(欺瞞)하려 하지

그러나 슬며시 숨겨왔던 그 모든 죄악(罪惡)들이

따가운 햇볕 아래서는
너무도 적력(的歷)하게 노출(露出)되기에
자신을 감추려 나는 봉사와 헌신과
사랑의 길을 걸었노라
너스레를 떨며 매국노(賣國奴)의 전철(前轍)을
밟고 있는 것이 올바른 길일까?

우리 완벽한 위선자(僞善者)가 될 수 없다면
차라리 가면(假面)을 벗어버리자
남은 삶을 위하여 진정으로 참회하여
저 밝은 태양 아래로 나가야 하겠지?

우리 무심코 지나온 길은 되돌릴 수 없다 하여도
아직 많이 남아 있는 내 인생을 조금이라도 더
보람 있고 알차게 장식함이 어떨까?
성인군자의 길을 갈지라도 이제 더 이상
그림자 속에 숨어 살아서는 안 되겠지
더 밝고 더 맑은 내일을 위해…

싫다

이별
깊이 생각하지 말자 하나
항시 염두(念頭)에 두고 있는 것
그 누구도 피해 갈 수 없기에
온갖 슬픔과 아픔을 감내(堪耐)하지

사별은 더욱 그렇지
울며 몸부림치고 신을 원망하며
서슴지 않고 포악(暴惡)을 떨기도 하지만
영원히 아물지 않는 상처를 안고
또 새로운 삶과
또 다른 인연(因緣)을 위해 나서야 하는데

이제는 새로운 만남이 두렵다
뒤따르는 이별이 사별이 싫어서…
만남의 기쁨 뒤에 오고 있는
이별과 사별이 너무 싫어서…

왤까?
생각 또 생각해 봐도
만남과 이별은 한 묶음이다
마치 백화점의 끼워 팔기처럼…

왜? 주님은
만남과 이별을 하나로 묶어놓았을까?
설레임에 들떠 기쁨의
행복에 젖어 있노라면
어느새 좇아왔는지 이별과
사별이라는 놈이 초대장을 보내온다
이럴 땐 정말 싫다
주님이 야속하고 참으로 얄밉다
하지만 주님!
이 죄인의 넋두리는 귀담아듣지 마시고
그 모든 것 당신 뜻대로 하소서!

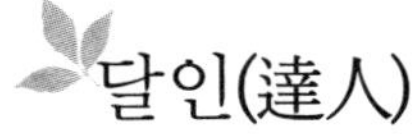

달인(達人)

우리 살아가는 길목에
달인(達人)이라는 거목이 있지
남보다 뛰어나고 능통한 노력의 산물(産物)이지
우리네 삶 또한 피와 땀과 노력으로
생성(生成)되기에 삶의 달인은 따로 없다
아니 달인(達人)은 분명히 있는 것 같다
다만 티를 내지 않기에 모를 뿐이다

그들은 자신만을 생각하지 않으며
남을 밟으려 하지도 않고
손 내밀어 동행하며 약자를 위해
헌신(獻身)하고 삶을 빙자(憑藉)하여
살생(殺生)을 기쁨과 행복에
기준(基準)으로 삼지도 않으며
신앙심이 투철(透徹)하여
종파(宗派)의 우월(優越)을 따져가며
비판하지도 않으며
서로 손잡고 동행(同行)하며

봉사와 헌신으로 하나 되어
화해와 용서를 실천(實踐)하며
비록 하찮은 생명이라도
존중(尊重)하고 보호하며
불우이웃을 위해 자신을 희생(犧牲)
하면서도 항상 밝은 웃음을 띠우는

그래요 당신이야말로 삶의 달인(達人)이요
진정한 거목(巨木)이라오
약자를 위하여 자신을 희생하며
사랑과 봉사를 실천할 줄 아는
당신이 진정한 삶의 달인이라오

그리움

해마다
꽃 피는 봄 오면
냉이랑 달래랑
소리쟁이를 찾아
아지랑이 너울대는
들녘을 노닐었기에

이렇게 또
봄 오는 길목에 서면
뻔히 못 오심을 알면서도
님을 찾아 머언 하늘을 봅니다

그리움에 젖어
지난날을 잊지 못함이지요
님을 잊을 수 없음이지요
둘이 함께 먹던
소리쟁이 된장국이 생각남이지요
마냥 따스했던 님의 사랑이

한없이 그리워서이지요

하여 어제도 오늘도
나 홀로 들녘에 나가
이제는 조금씩
아주 조금씩 잊혀가는
님의 모습 더듬어가며
저 하늘에 그려봅니다
해맑은 그녀의 미소를…
고웁디 고운 그 님의 모습을…

친구

혜풍(惠風) 불어
아지랑이 너울대는
들녘에서 보이는 것은…

그동안 까마득히 잊고 살았던
나 어릴 적 친구들
지금은 어디서 무얼 하며
또 어떤 꿈을 꾸고 있을까?
보고 싶다 많이 보고 싶다
아득히 잊혀가던
어릴 적 그 꿈도 그리웁구나

친구들아!
옛날처럼 우리 다시 모여 앉아
옛일을 회상(回想)하며
겁 없이 도전하던 그때로 돌아가
한잔 술 기울이며
희로애락(喜怒哀樂)을

탐(貪)해 보면 어떨까?

친구들아!
보고 싶구나 많이 보고 싶구나
우리 어릴 적 품었던
그 소박한 꿈을 잃지 말고
아름답고 품위(品位) 있게
영글어 가세나
삶을 마무리하는 그날까지…

또 다른 기다림

정든 님과의
약속된 기다림은
언제나 설레임으로 들떠
끝없는 상상의 나래를 펴지요

하여 기다림 속에는 꿈이 있고
기다림은 언제나
설레임으로 시작하여
사랑을 잉태(孕胎)하며
꿈과 행복을 담아 노래하지요
화답(和答)함이 있는 기다림
해후(邂逅)가 있는 기다림이기에…

그러나 여기
도무지 기다림의
끝을 알 수 없는
막연(漠然)한 기다림도 있다오
설레임도 꿈도 희망도 사랑도

그 아무것도 가진 것 없는
외로운 기다림도 있다오
해후도 있을 수 없는 그런 기다림이…

혹여(或如) 혹시(或是)나 하는
막연한 기다림의 끝에는
언제나 그렇듯이
즐거웁던 그때 그 시절의
꿈과 사랑이 거기에 있어
잊지 못할 그리움이 남아 맴돌며
이룰 수 없는 꿈을 꾸게 하지요
잊을 수 없는 사람이었기에…
영원히 간직하고 싶기에…

인생여정(人生餘情)

한 알의 씨앗이
새순으로 돋아나
여리지만 강하게
삶을 지탱하며 싸워
모진 비바람도 물리치고 견디며
꿈을 찾아 꿈을 키우며
꽃망울을 키워간다네
삶을 노래한다네

그러다 사랑에 눈을 뜨고
사랑에 흠뻑 취하여
활짝 꽃망울을 터트리며
기쁨에 젖어 삶을 찬미(讚美)하였지
찬란한 꿈을 노래하였지

그러나 흐르는 강물 따라
세월 가고 찬바람 불어와
아름답던 꿈은 서서히 시들어

볼품없는 모습으로 변해 가고
나 변해 버린 그 모습이 너무 싫어
두 눈을 꼬옥 감고 기나긴
상념(想念)에 젖어든다

나 차라리
낙화(落花)되어 뒹굴며
어둠 속으로 숨어들어
실바람 따라 흩날리며
마냥 키워가던 꿈을 접으려 하네
저 높디높은 곳을 향하여
길 나설 차비나 해야겠네

하여 누군가가 말했다지?
인생(人生)은 다 그런 거라고…

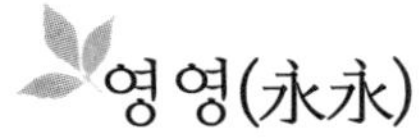

영영(永永)

아침 이슬처럼
싱그럽고 영롱(玲瓏)하게
고운 자태(姿態)를 드리울 때는
아끼며 보살필 줄 모르고
나 몰라라 하더니만
님 머언 길 떠난 뒤에야
때늦은 후회와 그리움에 젖는
내 모습이 안쓰러워서일까

저기 고개 숙인 상사화(相思花)도
앞뜰 가득 푸른 잎으로 넘칠 때엔
어디 숨어 있었는지 보이지 않더니
푸르던 꿈 열풍(熱風)에 휩쓸려
스러진 뒤에야 슬며시 나타나
얄밉게 웃으며 실바람과 노니는
그러면서도 청순(淸純) 가련(可憐)한 척
애잔하게 고개 숙여 능청떠는
저어 상사화는 어찌 저리도

이 못난 나와 닮았을까

푸르던 잎 머언 길
떠난 뒤에야 배시시한 얼굴로
수줍은 듯 피어 있는 상사화야!
너나 나나 숨길 수 없는 그리움에
해후(邂逅)를 꿈꿔보지만
우린 영영(永永) 님을 볼 수 없기에
님 그리워함이 같지 않을까?
너의 속마음을 내 알 수는
없지만 말이다

거기에

애들아!
그동안 고향을 잊고 살았구나
고향은 너희들이 자라나며
꿈과 사랑과 우정을
한없이 키워온 곳이란다

어릴 적
깨벗고 뛰어놀던
꿈과 우정을 다지고
풋사랑의 꽃망울을 키워왔던 곳
그곳이 향내 짙은 고향이란다

그러나 삶이라는 울타리 속에
꽁꽁 가두어 묶어놓고
새로운 문물(文物)에 적응(適應)하노라
잠시 고향을 잊고 살아야 했구나
고된 삶을 살아야 했구나
이제라도 늦지 않기를 바람하며

한껏 부풀었던 꿈과 우정과
풋사랑에 떨던 추억을 찾아
그리운 고향을 찾아보렴
그리고 힘차게 불러보렴

너희들 가슴속에서 잠자는
그 옛날에 꾸었던 아름답던 꿈들을…
다시 한 번 찾아 펼쳐보려무나
무심코 지나치며 슬며시 잊혀가던
네 고향이 거기에 있을 게야
네가 사랑하던 사람들도
아마 거기에 있을 게야
아마 거기에…

꼬옥

사랑은
누수(漏水)처럼
은밀히 스며들며
공허(空虛)한 가슴을
설레임으로 채워주고
해맑은 미소를 흘리며
따스한 품으로 감싸 안고
촉촉한 입맞춤으로
꿈과 사랑을 노래하네

하여 이 작은 사랑을
더 큰 사랑으로 일구어
키워내고 보듬으며
지켜 나아갈 수 있음은

오! 하늘이 내게 주신
특혜(特惠)라네
하늘의 은사(恩師)라네

너의 아름다운
사랑의 쟁취(爭取)를
하늘도 축복(祝福)하노라네

그러나 쟁취자여!
만족에 취하여
자만(自滿)하지 말고
운명이 다하는 그날까지
따뜻이 감싸 안으며
지켜나갈 때에
진정한 승리자요
삶의 쟁취자임을
꼬옥 명심하시게나
꼬옥

고백

아카시아
꽃 내음이 가득 찬
이 아름다운 계절에 묻혀
한가로이 지난날을 생각합니다
꿈속에 젖어 한없이 달콤했던
풋풋한 첫사랑을 생각하지요
호기심으로 시작하여
설레임으로 그득했던 나날들을…

그 옛날 그곳에는
행복으로 가득 찬 꿈 같은
그런 나날들만 있는 것이 아니었지요
그곳에는 사랑이 채 여물기도 전에
가슴 시린 이별의 아픔도 있었지요

첫사랑은 이룰 수가 없노라고
모두들 정말 모두들 말했지요
그러나 나는 믿으려 하지 않았네요

아니 믿을 수가 없었답니다
내 눈앞에 보이는 사랑은
언제나 얼굴 가득 피어 있는
아름다운 미소를 보내고 있었거든요

하여 모두가 시샘하여
그래서 하는 말로 생각해
그저 빙긋이 웃어넘겨 버렸는데
세월이 한참 지난 뒤에 보니
모두들 하던 말 그 말이 진실이었지요
정말로 나의 첫사랑도 이루지 못했거든요

하여 이렇게 수많은 나날들이
훌쩍 흘러간 뒤에야 때늦은 후회를 하지요
그러면서도 또 그때를 못 잊어
오늘도 지난날을 생각하며
못내 그리워하나 봅니다
그때 그 철부지 시절의 풋사랑을 말입니다

회상(回想)

우리는
누구나 어릴 적
철부지 시절을 그리워하며
누구나 한두 번쯤
동심(童心)에 젖어들지요
부끄러움도 모르고 깨벗고 뛰어놀던
골목대장 친구들과 함께 꾸었던
허무맹랑(虛無孟浪)한 꿈까지도 말입니다

우리 그렇게 자라나 사춘기가 되면
누구나 경험한 첫사랑의 추억이 생성되지요
사춘기 시절 누구나 한 번쯤 겪어본
순박하기만 했던 첫사랑 속에는
생각과 함께 실소(失笑)를 머금게 하는
참으로 덜 익은 풋사랑도 있고
영원히 아물지 않는 아픔도 있으며
일생을 두고 못 잊을 아름다움 꿈도
그 시절 그곳에 있었지요

하여 사랑은 아름다운 꿈이었습니다

그렇게 또 강물은 흐르고
우리 젊은 시절이 도래(到來)하면
누구나 참된 우정을 약속했지요
마치 삼국지의 도원결의(桃園結義)처럼
패기만만(覇氣滿滿)하여 술잔을 부딪치며
우정을 다짐했던 그때 그곳에선
때로는 실없는 농담으로
때로는 진솔(眞率)하고 허심탄회(虛心坦懷)하게
모든 비밀을 공유(共有)하며
가슴속에 쌓아온 우정이 있었지요

그러다 사랑에 눈을 뜨고
누구나 열병처럼 사랑을 앓으며
사랑의 꿈을 키워가지요
그리고 많은 시간이 흐른 뒤에야
무심코 흘러온 사랑에 대하여

진지(眞摯)하게 생각을 정리하며
나는 왜? 조금만 더
너그럽고 따뜻하게 포용(包容)하지 못했던가
한 많은 후회를 하며 그때 조금이라도 더
아름다운 사랑을 키워내지 못하였음을
두고두고 미련으로 남겨놓고
그렇게 또 가슴앓이를 하여가며
나 지나온 길을 되돌아봅니다

잘잘못을 따지기에는
너무도 멀리 온 그 길에 서면
누구나 반성과 후회를 거듭하며
너무도 치졸(稚拙)하고 옹졸(壅拙)했던
지나간 날들이 부끄러움으로 다가와
화끈거리며 얼굴이 달아오름은
아마도 내 자신이 서서히 익어가고 있음을
피부로 느끼고 마음으로 깨우치며
앞으로 아직 많이 남아 있는 삶을

조금 더 올바르게 잡아가고 싶기 때문이지요

하여 서서히 아주 서서히
다가오고 있는 이별을
누구나 한 번쯤은 생각해 보았겠지요?
아마 이별의 종류도 많겠지요?
그래요 그러나 이별의 종류는 다 같은 것
다만 해후(邂逅)가 있느냐 없느냐
하는 차이와 만남의 세월 속에 숨은
정과 사랑이 얼마나 많이
그곳에 담겨 있었느냐 하는 차이만 있을 뿐
이별은 다 같은 것 하여 그 어느 것이건
이별은 참아내기 버거운 참으로 버거운
슬프고 괴롭고 뼈에 사무치는
그리움만 남겨놓는 것 같습니다
이별은 말입니다

이제야

우리 젊은 날
모임이 있을 때나
노래방에 가게 되면
당신은 언제 어디서나
'애모'라는 제목의 노래를 했지
눈시울을 적셔가면서…
그럴 때마다
당신 친구들도 동창들도
모두들 나를 쳐다보며
내 표정을 살피고는 했는데…

내 앞에만 서면 한없이 작아진다며
당신이 늘 하던 말과 노래이기에
나는 몰랐네 당신의 뜻을…
그저 당신 십팔번인 줄로만 알았지…
왜? 그때에는 몰랐을까?
왜? 이제야 그때를 생각하며
눈물짓고 있을까?

입으로는 사랑 타령하면서
마음은 콩밭에 가 있었나 보네
그렇지 않다면 왜? 이제야
당신이 떠나고도 한참이 지난
이제야 그때를 생각하며
가슴앓이를 하고 있을까?
사랑한다며? 사랑했다며?
아마도 새빨간 거짓말이었나 보네

주룩주룩 비 내리는 이 밤
당신과 함께 걸어온 그 길을 홀로 되걸으며
지난 세월을 뒤돌아보고 있네
정녕 먼 길을 아주 먼 길을 돌고 돌아
이제야 당신의 그 깊은 사랑을
깨달아가나 보네
이제야 말일세…

상사화(相思花)

이른 봄날
그 누구보다도 일찍
꽃님을 보려 서둘러 왔는데
님의 모습이 마냥 그리워
그린(Green) 제복을 챙겨 입고
햇님과 함께 혜풍(惠風)과 노닐며
꽃님을 꽃님을 기다렸는데…

어느 덧 봄 가고
따사롭던 혜풍(惠風)은
뜨거운 열풍(熱風)에 밀려나고
열풍을 견뎌내지 못한
그린 제복의 초록 잎은
끝내 해후(邂逅)를 포기하고
볼품없고 초라한
누우런 제복으로 갈아입으며
아쉽고 서운해하면서도
이별을 준비하고 있는

저 상사화(相思花)의 아픔은
얼마나 크며 또 어떤
가슴앓이를 하고 있을까?

보고파도 보고파도
영영(永永) 볼 수 없는 꽃님이…
야속하고 냉정한 꽃님이…
마냥 그리워 애태우더니
그토록 싱그럽고 우아하던 그린 제복은
볼품없고 가엾은 누우런
건초가 되어 축 늘어지며 스러지고 있는데
초록 잎은 벌써 떠나가고 없는데…
뒤늦게 배시시 웃으며 나타나는
저 꽃님도 너무나 쓸쓸하고 처량해
한없이 가련(可憐)하구나

비

칠흑같이 어두운 밤
후드득 후드득 후득
서럽게 흐느끼듯 비가 오네
무엇이 서러워 저리도
비는 슬피 울고 있는 걸까?
무슨 사연(事緣)이라도 있는지?

그러나 비야!
비야! 울지 마라!
아픈 기억일랑 지워버리고
못 잊을 그리움일랑 씻어버리고
새로운 추억 만들기를 하렴
이 삭막(索寞)해 보이는 세상에도
아름다운 꿈과 사랑이 있단다

후드득 후드득 후득
마치 흐느끼듯 비는 울고 있네
비야! 비야! 찬비야!

마음을 삭이고
이제 울음을 그치렴
이제 곧 아침 해 떠오르면
찬란한 햇볕이
너와 온누리를 비추며
내일은 또 다른 시작과 함께
희망과 사랑이 싹트며
너만의 꿈도 피어난단다
너의 새로운 꿈을 위하여
울음 그친 너의 웃음 속에선
아름답고 고운 무지개 뜬단다
맑고 밝고 빛 고운
너만의 꿈이 피어난단다

잃어버린 사랑

내 님 보고픔에
산 넘고 물 건너 찾아왔지만
푸르던 잎 낙엽 되어 흩날리며
사랑도 시들어 그리움으로 잠들고
꿈 많고 아름답던 우리들 사랑은
고개 넘어 뒤안길로
스러지고 말았구려

그리움을 삭혀보려
주색잡기(酒色雜技)에 휩쓸려도 보았건만
세상 그 어떤 부귀영화(富貴榮華)도
님의 품속보다는 못하구려
풋풋하고 소박(素朴)했던 사랑을
대신할 수 있는 것은
그 아무것도 없는 것 같구려

제4부

우리 이제는

수첩

모시적삼처럼
하늘하늘한
가녀리고 고운
소녀를 보았네

바닷가 백사장에
갈매기와 뛰노는
그 소녀의 손에는
아주 작은 수첩 하나
들려 있다네

저 작디작은 수첩
앙증맞은 저 속엔
무슨 꿈이 숨어 있을까?
또 그 어떤 비밀이
거기에 담겨 있을까?
너무도 앙증맞은
저 작은 수첩 속엔

무슨 사연들이 숨어
꽃피울 그날만을
손꼽아 기다리고 있을까?

아마 소녀처럼
여리고 선한
그리고 한없이 아름다운
소녀의 꿈이 거기에 있어
꽃피울 그날을 위하여
남몰래 차곡차곡
꿈을 쌓아가고 있겠지?
저 작은 수첩 속에서…

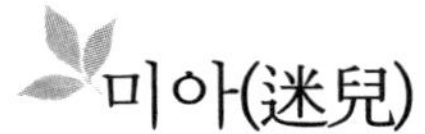

미아(迷兒)

외진
바닷가
모래밭에
언제부터 있었는지
선명하고 또렷하게
홀로 남아 있는
저 작은 발자국은
어느 누가 놀다가
흘리고 갔을까?

파도소리 벗 삼아
갈매기 떼 틈에 앉아
또렷하고 선명하게
제 모습을 갖추고
떠나간 제 주인을
기다리는 듯한데…

갈매기도 졸고 있는

저 바닷가 모래밭엔
밤새워 안개비만
자욱하게 내려
두 눈을 가리고
무심한 듯 하이얀
물거품을 앞세우고
파도는 철썩이며
아침 햇살을
그리워하는구려

반굉일

토요일은
우리 젊은 시절
반굉일이라 하였지
반쪽짜리 휴일이라고…

하여 손꼽아
기다리던 반굉일
반굉일이 다가올수록
잃어가던 생기(生氣)를 되찾아
달뜬 마음들은
한데 모여 모닥불을 지펴놓고
춤추고 노래하며 우정을 다졌고
아름답고 따뜻한
사랑이 피어나기도 하였지

간데라 불빛 아래
밤낚시에 젖어들어
반딧불이 벗을 삼아

긴긴 상념(想念)에 빠져들며
청춘을 소비(消費)하던
우리들의 반굉일이
언제부터인지 사라지고
이제는 잊혀가는
그 반굉일과 함께
우리들의 꿈과 사랑마저도
서서히 소멸(消滅)되어
한낱 이야기 속의 테마가 되어버린
그래서 너무도 아쉬운
옛이야기가 되어가는 지금
꿈 많고 할 일도 많아 겁 없이 도전하던
그때 그 시절이 그리워짐은
아! 아! 너무도 얄미운
세월의 흐름 때문이지요
계절(季節)이 쉬지 않고
옷을 갈아입고 있기 때문이지요

후회

홀로 앉아
머언 하늘을
올려다보노라면
모두들 한 마디씩 하는 말
이제는 그만 잊으라고…
그만큼 했으면
잊을 때가 되었노라고…
더 이상 뒤돌아보지 말고
나 자신을 위해서 살라고…
그래야만 된다고…

모두들 아무렇지도 않은 듯
때로는 생글생글 웃으며
때로는 심각한 듯 말하지만
모두들 틀렸어 그건 아닌 것 같아
이별을 접하면
그 누구나 떠나간 사람
못 잊어 보고파 눈물짓고

그리움에 젖어 힘겨워하는 것…

하여 시드는 꽃잎처럼
산마루에 뒹구는 낙엽처럼
외롭게 외롭게 흩날리며
이정표 없는 거리를 방황하듯
한 마리 이름 모를 산새가 되어
심산유곡(深山幽谷)으로 숨어드는 것은
채 못다 이룬 꿈과 사랑이…
다 못 한 정성의 죄스러움에서
우러나오는 안타까움이
이 작은 가슴을 가득히 채우고 있음이요
좀 더 다정다감(多情多感)하지 못했던
철없고 오만(傲慢)했던 삶이
거기에 있었기 때문이지요
거기에…

세척

산에도 들에도
새하얀 눈 내려 눈 쌓인
하이얀 순백(純白)의 세상에
하이얀 듯 검은 듯한
발자국을 흘리며
한없이 걸어본다

북풍한설(北風寒雪)과 노닐며
이 겨울을 찬미(讚美)하는
순백의 세상에 묻혀
이 작은 몸과 마음을
백설(白雪)로 씻어내고 싶다
하이얀 도화지(圖畵紙) 위에
잘못 떨군 먹물처럼
암울(暗鬱)한 내 마음을
백설로 깨끗이 씻어내고 싶다
눈부시듯 새하얀
순백의 세상을 시샘하듯

어스름 땅거미가 뒤덮고 있는
저어 하늘 저어 먼 곳
어디서부터 오시는지 알 수 없는
새하얀 백설이
쉬임 없이 내려앉으며
이 가엾은 중생(衆生)들을
축복하고 있다

흰 눈은 꽃잎 되어
나풀나풀 내려 쌓이며
순백의 아름다움을
노래하고 있다

우리 이제는

내가 걷는 이 길은
모두가 함께 걷는 꿈길
하여 꽃길도 가시밭길도 선택이 아닌
나에게 주어진 필수 과제(課題)인 것을
내 모르고 오만(傲慢)과 방자(放恣)함으로
걸어온 그 길이 얼룩지고 거칠수록
사악(邪惡)하고 교만(驕慢)하게 살았음에
냉철하고 정확한 판결(判決)이 너를 기다리니
착하고 선하게 좋은 업보(業報)만 쌓으라고
옛 선인(先人)들 귀가 닳도록 말씀하셨건만
듣는 둥 마는 둥 온갖 교만과 사악함으로
치장(治粧)하기를 애써 마다하지 않고
온갖 생명을 천시(賤視)하며
지금 살고 있는 이곳이 천당이며
죽어 한줌 재가 되어 강산에 뿌려지면
그곳이 바로 지옥이라고 너스레를 떨며
한 번뿐인 삶을 갉아먹으며 소비하고 있다네
모두들 어찌하려고

주님을 속이며 기만하기를 서슴지 않을까?
그 많은 죗값을 무엇으로 어떻게 감당하려고
주님을 능멸(凌蔑)하며 비웃고 있을까?
그분께서는 우리 죄인들을 위하여
피눈물과 보혈(寶血)을 쏟으시며
용서와 사랑을 가르치셨는데
우리는 조소(嘲笑)를 흘리며
님을 조롱(嘲弄)하고 있구려
그러나 우리 걷고 있는 이 길은 선택이 아닌
우리 모두에게 주어진 과제인 것을…
하여 지금부터라도 마음먹고 노력하여
네 이웃과 형제자매들을 위하여
우리에게 넘쳐나고 있는 사악하고 교만함을
사랑과 봉사와 헌신으로 바꾸어가세나
주님께서 흘리신 피 헛되지 않도록…

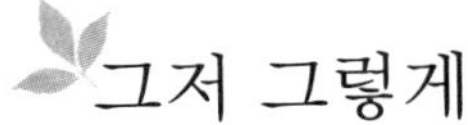

그저 그렇게

이보게!
자넨 꿈을 위하여
무엇을 찾고 있는가?
또한 무엇을 하고 싶은가?
아니면 무엇이 되고자 하는가?

아무리 힘들여 노력해도
노력의 결과가 없노라고
꿈이 이루어지지 않는다고
마음의 상처는 내지 말게나
나에게도 나 아닌
또 다른 그 누구에게도
절대 상처는 내지 말게나

세월이 물같이 흐르면
상처는 아물지 몰라도
그 흉터는 영원히 남는 것
감추고 싶어도 감출 수가 없는

흉한 흉터를 남기지 말고

우리 모두 그저 그렇게
두루뭉술 굴러가며 사세나
이래도 한세상
저래도 한세상이라는데
너무 마음 아파하지 말고
텅 빈 하늘에다
소리 한번 질러보세나
나는 행복하다고…
나는 건강하게 살고 있다고…

염원(念願)

북망산(北邙山)이 멀다길래
아주 먼 곳인 줄 알았는데
대문 밖에 있는 것을
자넨 알고 있었는가?

어디 그뿐인가
평생(平生) 동안 갈고 닦고 아껴가며
피땀 흘려 지켜온 삶에 있던
인생살이의 그 모든 꿈이
안개처럼 스러지고
구름 따라 간 곳 없다네

혈혈단신(孑孑單身) 외로이 길 떠나는…
그래 아주 먼 길 떠나는
자네는 알 리 없겠지만은
보내며 지켜보는 이내 심정(心情)은
너무도 허무(虛無)하고 맹랑(孟浪)하며
안타깝고 가엾어서

눈물이 앞을 가리는구려

저기 저 하늘 저곳
은하수에 쪽배 하나 띄워놓고
혈혈단신 쓸쓸히
먼 길 떠나가는 님이여! 넋이여!
어쩔 수 없어 나선 길이지만
가고파서 가는 것도 아니지만
아무쪼록 가시는 그 길에
무탈(無頉)한 여행 하시게나
부디 평안(平安)한 안식(安息) 찾으시게나
이승에서 못다 한
꿈과 사랑을 찾으시게나

가을

삼복더위
무덥고 긴 여름 내내
님 찾아 사랑 찾아
하염없이 울어대던
쓰르라미도 참매미도
이제는 짝을 찾았음인지
소쩍새 울음소리에 잠이 든 듯
조용한 달빛 속으로
소슬바람에 춤을 추는
잎새들의 소곤거림이
환청처럼 들려온다

버얼써 과꽃이 피었노라고…
계절을 잊은 듯
칠월부터 피기 시작했던
성급한 코스모스도
이제는 제철을 아는 듯
활짝 피어 과꽃과 어울리며

이 아름다운 가을을
마음껏 노래하고 있다며…

꺼병이 숫총각 우람이도
달뜬 마음 다잡으며
높이높이 오르는
가을 하늘을 향해
마음속에 품고 있는 님을 보려
푸른 하늘 저 머얼리
소원을 띄우고 또 띄워 보내며
올가을엔 꿈을 이루게 해달라고
두 손 모아 빌어보는 남자의 계절
아니 사랑의 계절
결실의 계절
만추의 계절이라네

님이여!

님이여!
정답던 님이여!
부르고 또 부르고
목메이게 부르며
아무리 되뇌어도
대답 없는 님이여!
어디에 계시온지?

님 부르다 부르다
메마르고 목말라
갈라지고 터진 입술엔
피맺혀 흐르나니
잠재우려던 그리움
다시 깨어난
옛사랑 그리워
목메이게 불러보는
님이여!
잃어버린 사랑이여!

정녕 어디에 계시온지?

세월 가면 잊히리
아픈 마음 다독이며
잊어보려 지워보려
안간힘을 써보지만
너무도 깊이 각인되어
도저히 지울 수 없는
님이여! 사랑이여!
고향처럼 따뜻했던
님의 해맑은 미소여!
잊을 수가 없단다
지울 수도 없단다
둘이서 가꾸어오던
우리들의 아름답던
꿈과 사랑을…
그래서 더 큰 그리움을…

성모여!

성모여!
어지신 어머니시여!
성령의 은총을 받들어
순종과 희생으로
당신을 봉헌하신 님이여!
지극히 거룩한 독생자의 모후여!
주님의 사자 천사의 전하심을 받들어
헌신과 봉사와 사랑을
몸소 실천하시며 여기 씻을 수 없는
죄인들을 위하여 인류를 위하여
성덕으로 모든 죄악을 감싸 안으며
사랑의 길로 인도하시니
정녕 지극히 거룩하고
보배로운 님이여! 어머니시여!
당신의 그 따듯한 사랑은
하늘처럼 높고
바다보다 더 넓고 깊으니
하해(河海)와 같은

당신의 크나큰 그 사랑을
그 무엇에다 비교하리요
모후여! 어머니시여!
거룩하신 동정녀여!
당신은 물음 없는 희생과 순종으로
헌신을 몸소 실천하시며
한 걸음 더 주님께 나아갈 수 있도록
죄인들을 사랑의 길로 인도하시니
이 큰 기쁨과 환희를
그 무엇으로 다 갚을 수 있으랴

하여 나도 주님께 사랑받기 위하여
성모님의 뜻을 따라 나도 주님을 위하여
헌신하며 주님만을 사랑하리라…
정녕 거룩하고 순결하신 어머니여!
묵주기도의 모후여!
당신을 진정 흠모하오며
당신께서 보여주신

솔선수범(率先垂範)을 거울삼아
헌신과 봉사와 사랑을 다하여
장미의 화관과 꽃다발을 엮어
묵주의 기도를 드리오니
어여삐 받아주시어
모든 죄인들을 성화의 길로
인도하여 주시길 간절히 청하오니
하늘에는 빛나는 영광이 되고
이 땅의 저희들에게는
기쁨의 찬미가를 부르게 하소서
주님의 영광을 위하여
성모님의 뜻을 따르게 하소서

독백

가을입니다
햇볕 따사로운…
이 가을에도 만물은 익어가고
또 한 꺼풀 허물을 벗는…

그래서 또 한 해가 떠나가려고
계절(季節)을 재촉합니다
떠나는 계절 따라
꾸고 있던 꿈은 꿈으로 끝나지만
마냥 익어가고 있는 우리네 삶은
그저 익음으로만 끝나지 않습니다

그래서 그런지
이제야 알게 되는
두 번 다시 또 걸을 수 없는
오직 한 번뿐인 이 길에서
내내 꾸어왔던 꿈
마냥 가슴 부풀어 꾸던 그 꿈이

아주 작은 바람이었다는 것을
이제야 알았습니다
엄청나게 크고 원대한 줄만 알았던…
내가 늘 꾸던 그 꿈이
아주 작고 순수한 바람이었음을…

그럼에도 우리 모두는
그 작은 바람을 이루지 못하고
그저 허망(虛妄)한 꿈으로
이루지 못한 꿈으로 끝났음은 왤까요?
무던히도 노력하고 애써왔는데…
우리네 삶은 계절(季節) 따라
자꾸만 자꾸만 익어가는데…

꿈은 그렇게 또 꿈으로 끝나지만
우리들의 바람은 또
기나긴 회상(回想)의 숲길을 거닐며
또다시 작은 꿈 아닌 바램 속으로

슬며시 빠져드나 봅니다
다람쥐 쳇바퀴 돌듯이
그렇게 또
상념(想念)의 울창한 숲길을 거닐며
작은 바램을 잉태(孕胎)합니다
이번만은 꼬옥
꿈을 실현해 보겠노라고
굳게 굳게 다짐하면서 말입니다

이별은

우리들 삶에
꼭 끼어드는
감초 같은 단어 하나…
모두가 싫어하는 이별이란다

요 얄미운 이별 때문에
정든 이웃도 부모 형제도
아니 너무나도 아름답던
우리들의 사랑마저도 떠나가고
추억만이 남아 맴돌며
한없는 그리움을 키워가는 것…

이별이란 상처는
치유(治癒)가 되지 않으며
가슴 아린 흉터가 되어
영원히 마음속에 남는 것

하여 잊을 수도 없단다

지울 수도 없단다
녀석은 이 마음 깊은 곳에
꼭꼭 숨어 지내다가
내 마음 흔들릴 때나
내 마음 허전해질 때마다
슬며시 나타나 나를 흔들고
옛일을 되새김질하게 하며
기나긴 상념(想念)에 빠져들게 하기에…

도저히 잊을 수가 없단다
지울 수도 없단다
힘겹게 살아온 나만의 삶이기에
내게 주어진 삶을 진정 사랑했기에
나 영원히 놓치고 싶지 않은
아름답던 꿈이었기에…

에피소드(Episode)

풍요의 계절
이 아름다운 계절에
따가운 햇볕을 받으며
가시덤불 속에 갇혀 지내던
연약한 그녀가
드디어 탈출을 감행(敢行)했다
험한 가시덤불을 뚫고
세상 밖으로 나온 것이다

그러나 언제나 멀리서 바라보며
동경(憧憬)했던 세상의 아름다움을
미처 알아가기도 전에
그녀는 화덕 속으로 내던져지고 말았으니
그 어느 곳으로도 피할 수 없는 열기와
참을 수 없는 뜨거움에 걸치고 있던
다크 브라운색의 재킷을 벗어던져야 했고
하이얀 솜털이 보송보송 맺힌
속옷마저 벗어던져야 했다

때문에 눈앞에 보이는
아! 그녀의 뽀얀 속살은
아이보리색인 듯 노오란색인 듯 아롱거리며
잠자듯 힘없이 누워 있는
그녀의 몸매는 하트 모양이었다
더욱이 이제껏 없던
그녀만의 향기가 폴폴 피어나
그 냄새만으로도 그녀임을 알 수 있었다
그녀만의 독특한 향기는
고요했던 침샘을 자극하고 있다
그녀만의 향기는 너무도 달콤하여
보는 이들의 침샘을 자극하며
힘없고 쓸쓸히 작은 봉지 속으로 숨어들어
우리 모두가 좋아하고 사랑하는
군밤이 되고 말았단다

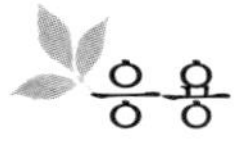

응용

우렁찬
울음소리를 토하며
이 땅에 등장하는
그 순간부터 배움은 시작되고
배운 것을 익히고 다듬으며
길들여지는 것이 삶이지만
처음부터 내 것으로
주어지고 갖춘 것은 없기에
남의 것을 보고 배우며
내 것을 찾아가는 삶이라면…

힘들여 보고 배운 것을
답습(踏襲)으로만 그치고 만다면
그것은 그저 모방(模倣)이요
사이비(似而非)로 치우치고 마는 것
정녕 보고 배웠다면
응용(應用)해야 될 것이다
그 원리(原理)를 응용할 줄 아는

그리하여 나만의 것으로
재(再) 탄생시킬 줄 안다면
당신은 성공한 사람이 될 것이며
진정한 발명가가 될 것이다

그러나 지나온 길은 뒤돌아보지 마라
실패한 일에도 마음 두지 마라
지나간 뉴스는 새 소식이 아니듯이
지난 일에 집착(執着)하지 말고
내일 할 일만을 생각하며
보고 배운 것을 응용하는
습관을 키우고 가질 때
당신은 진정 성공한 사람이 되며
당신과 당신이 사랑하는 이들을 위해
참된 삶을 지켜낼 수 있을 것이다

우리 집

내 집 살구나무엔
산비둘기 날아와 구슬피 울고
대문 옆 뽕나무에서는
물까치도 산까치도 와서 놀고
참새와 오목눈이 떼 지어 날며
가끔은 오색딱따구리도
뽕나무에 와서 놀다 가고
박새도 꾀꼬리도 와서 운다
전깃줄엔 강남 갈 준비에 여념(餘念)이 없는
제비들이 앉았다 날기를 반복하고
해 지면 먼 듯 가까운 듯
소쩍새 우는 소리 들리는
우리 동네 우리 집에서 보는
청아(淸雅)한 가을 하늘엔
구름 한 점 없다
그래서 그런지
가을 하늘이 더 높고 더 푸르며
더 상큼하게 다가온다

따갑고 눈부신 햇볕은
오색 영롱(玲瓏)한 진주 빛으로 다가오고
시원스레 불어주는 소슬바람은
산에도 들에도 하늘가에도
온통 풍요(豊饒)로움을 배달하여
이 가을을 더욱 풍성(豊盛)하게 익혀간다
하여 이 따사로운 가을날이
나는 한없이 좋다

아마도

나 어릴 적엔
가진 것도 없고
딱히 갈 곳도 없었다
그러나 가고 싶은 곳도
먹고 싶은 것도 너무 많고
보고 싶은 것도 많았다
허나 가진 것도 없고
기댈 곳도 없었기에
마냥 헐벗고 굶주려야 했다

그래도 그때 그 시절엔
욕심이 없었기에
언제나 밝고 해맑은
웃음꽃이 피어올랐고
내일의 희망이 자라고 있었기에
언제 어디서나 늘
사랑의 웃음꽃이 피었고
언제 어디서나 늘

행복의 웃음소리 그치지 않았는데
몸도 마음도 모두 다 늘
건강이 넘쳐흘렀는데…

왤까? 지금의 나는
늘 풍족(豊足)하고 자유로워
내 마음대로 할 수 있는데
왠지 모르게 아무것도 할 수 없다
가고 싶은 곳도 보고 싶은 것도
먹고 싶은 것도 없다
아니 때로는 미치도록
가고 싶고 보고 싶고 먹고 싶기도 한데
나는 망설이며 주저하고 있다
분명 모든 것이 풍요(豊饒)로운데
왜? 즐거움도 행복도 느끼지 못하고
웃음마저 잃어가고 있을까?
아마 물질(物質)적인 풍요 속으로
정신적인 가난이 찾아들고 있는 듯…

함박꽃 같던 웃음도
정도 사랑도 행복도 포만감(飽滿感)도
모두 다 서서히 멀어져 가고 있다

하여 내게 차고 넘치는 것은
쓸쓸함과 외로움과 허전함과
그리움으로 점철(點綴)된 갈망(渴望)뿐이다

하여 말동무가 그립고
옛 고향에서 뛰어놀던 동심(童心)이 그립다
아마도 이 모든 설움이
님을 잃었음일레라…
아마도 사랑을 잃었음일레라…